Inhalt

Der Frechdachs 8

Geschäfte, Geschäfte! 17

Der Wunschstein 26

Ein kleines Wunder 35

Der Frechdachs

„Donner und Doria!", beschwert sich die Eule bei den tobenden Eichhörnchen.

„Müsst ihr ausgerechnet in meinem Baum Fangen spielen? Ich will schlafen!"

„Wieso dein Baum?", fragt der Anführer der Eichhörnchenbande keck.

„Steht dein Name irgendwo auf dem Stamm?" Die Eichhörnchen kugeln sich vor Lachen.

„Unverschämte Lausebengel!",
zischt die Eule
und stopft sich verzweifelt
Blätter in die Ohren.

Sie muss trotz des Lärmes
eingeschlafen sein.
Denn plötzlich ist es Nacht.

Die Eule ist nicht allein.
Im Ast gegenüber hockt
das freche Eichhörnchen
und klappert mit den Zähnen.

„Der Frechdachs hat Angst!",
flüstert die Eule überrascht.

Irgendwo knackst ein Ast.
Mit einem Satz springt
das zitternde Eichhörnchen
neben die Eule.
„Was war das?"

„Ach, nur der Fuchs.
Der ist steinalt
und klettern konnte
der noch nie!",
grinst die Eule vergnügt.

„Darf ich hierbleiben?",
fragt das Eichhörnchen.

Die Eule lächelt gütig
und legt einen Flügel
um das Eichhörnchen.
Da ertönt ein Schrei.

„Nur der Herr Kauz",
raunt die Eule leise.
Das Eichhörnchen nickt.

Geduldig erklärt
die Eule jedes Geräusch.

Bis das Eichhörnchen sagt: „Jetzt gehe ich schlafen. Ich habe keine Angst mehr. Vielen Dank, Eule!"

Am nächsten Tag kann
die Eule endlich ausschlafen.

Die Eichhörnchen
spielen jetzt woanders.

Und die Eule verrät keinem,
dass auch ein Frechdachs
manchmal Angst haben kann.

Geschäfte, Geschäfte!

„Wer kann das denn sein?",
wundert sich der Mäuse-Papa,
als es energisch klopft.

Vor der Tür steht eine
sehr elegante, aber auch
recht blasse Maus.

„Ich bin die Stadtmaus
und ich habe mich verlaufen!",
keucht die Maus.

„Ich muss sofort
in die Stadt zurück!
Geschäfte! Geschäfte!
Dringende Geschäfte!"

„Heute ist Erntetag",
sagt ein Mäuse-Kind.
„Da müssen alle mithelfen."

„Stimmt!",
nickt die Mäuse-Mama.
„Heute Abend können wir
dir den Weg zeigen.
Früher geht es leider nicht!"

„So lange soll ich in
dieser Wildnis bleiben?",
kreischt die Stadtmaus.

„Du kannst helfen!",
sagt der Mäuse-Papa.
„Dann geht es schneller!"

Beeren pflücken!
Wurzeln ausgraben!

Bald sieht die Stadtmaus
wie eine Waldmaus aus.
Dreckig von oben bis unten,
aber nicht mehr so blass
um die Nase.

„Gehst du mit uns baden?",
fragen die Mäuse-Kinder
die Stadtmaus am Nachmittag.

„Aber nicht so lange",
erwidert die Stadtmaus.
„Ich muss in die Stadt
zurück! Geschäfte!"

„Beeren? Wurzeln?",
bietet die Mäuse-Mama
der nassen Stadtmaus an.

„Ich habe Hunger
wie ein Wolf!",
erwidert die Stadtmaus.
„Obwohl – ich muss in die ..."

Beeren und Wurzeln
verschwinden ratzfatz
im hungrigen Mäusemäulchen.

„Noch nie habe ich
so etwas Gutes gegessen!"
Die Stadtmaus gähnt satt
und schläft sofort ein.

Die Mäuse-Kinder rütteln
an der schnarchenden Maus.
„Aufwachen! Du musst
doch in die Stadt!"

Die Mäuse-Mama lächelt:
„Ich glaube, sie ist hier
im Wald ganz glücklich!"

Der Wunschstein

„Was hast du da, Igel?",
fragt das Reh.
„Einen Wunschstein!",
antwortet der Igel stolz.

„Woher weißt du, dass
es ein Wunschstein ist?",
will das Reh wissen.

„Weil er so schön glitzert!",
antwortet der Igel.

„Dann wünsch dir was!",
schlägt das Reh vor
und kommt vorsichtig näher.

„Ich weiß aber nicht, was!",
erwidert der Igel ratlos.

„Hätte ich einen Wunschstein",
ruft der Dachs und watschelt
zu ihnen, „würde ich mir einen
neuen schicken Bau wünschen."

„Und ich wäre gern mutiger!",
flüstert das Reh.

„Ich wünschte mir
einen Freund,
der mit mir die Welt bereist",
ruft der Falke aus der Luft.

Dann fragt er listig:
„Wie viele Wünsche kann
der Stein wohl erfüllen?"

„Vielleicht nur einen?",
überlegt der Igel.

Plötzlich stürzen sich alle
gleichzeitig auf den Stein
und prügeln sich um ihn.

„Hört sofort auf!",
ruft der Fuchs.

„Der Stein gehört mir!",
beschwert sich der Igel.

„Ruhe!", verlangt der Fuchs
mit strengem Blick.

„Keiner von euch braucht
diesen Stein!", erklärt er.

„Reh, du willst mutig sein?
Trau dich etwas!
Dachs, bau dir selber
einen schicken Bau."

Der Fuchs schaut den Falken an.
„Frag doch einfach,
ob dich jemand begleiten mag."

„Ich komme mit dir!",
meldet sich der Specht.

„Und ich fang schon mal an
zu graben!", ruft der Dachs.

Schüchtern fragt das Reh:
„Igel, wollen wir zusammen
in den tiefen Wald gehen und
noch mehr Steine suchen?"
Der Igel nickt begeistert.

Und der schlaue Fuchs
lächelt zufrieden.

Ein kleines Wunder

Früh am Morgen
marschieren zwei Gestalten
auf den Wald zu.

Es sind Ole und sein Opa.
Oles Opa ist Förster.

Gestern hat er das kleine Rehkitz entdeckt, das er Ole heute zeigen will.

Vor einer Lichtung kauern sich Opa und Ole in den hohen Farn.

„Wo sind denn die Rehe?",
fragt Ole.

Opa flüstert leise:
„Wenn die Rehe
uns hören, kommen sie
erst gar nicht.
Keinen Mucks!"
Ole nickt.

Die Sonne geht auf.
Und plötzlich sind sie da!
Fünf Rehe!

Ole nimmt das Fernglas hoch.
„Oh, was sind die schön!",
würde er am liebsten rufen.
Aber er muss ja leise sein.

Da entdeckt Ole am Waldrand noch ein Reh.

Das ist bestimmt die Mama von dem kleinen Kitz.
Sie prüft,
ob die Luft rein ist.

Nicht jetzt!
Nein!
Ganz schrecklich kribbelt es in Oles Nase.

Das Reh betritt die Lichtung.
Gleich folgt gewiss das Kitz.

Da passiert es:
„Hatschi!"
Alle Rehe springen davon.

„Kitz, bleib hier!",
ruft Ole ganz erschrocken.
„Ich möchte dich doch
so gerne mal sehen!"

Als Ole abends am Fenster
des Forsthauses steht,
ist er immer noch traurig.

„Gute Nacht, kleines Kitz!",
flüstert er in Richtung Wald.

Ole reibt sich die Augen.
Kann das sein?
Da steht das Kitz!

Es schaut kurz zu Ole hinüber.
Dann ist es wieder weg.
Ole winkt glücklich.
„Bis bald, kleines Reh!"

Mit der Lektüre von Mary Poppins begann für **Alexandra Fischer-Hunold** die Liebe zu Büchern. Folgerichtig studierte sie später Deutsche und Englische Literatur. Seitdem liest sie nicht nur, sondern schreibt auch erfolgreich Vorlesegeschichten und Kinderbücher.

Betina Gotzen-Beek wurde 1965 in Mönchengladbach geboren. Nach vielen Reisen durch Europa studierte sie Malerei und Grafikdesign. Seit 1996 illustriert sie Kinderbücher und lebt heute mit ihrer Familie in Freiburg. Mehr über die Illustratorin erfahrt ihr unter: *www.gotzen-beek.de*

LeseTiger

ISBN 978-3-7855-8131-5

ISBN 978-3-7855-7822-3

ISBN 978-3-7855-7828-5

ISBN 978-3-7855-7438-6

ISBN 978-3-7855-7771-4

ISBN 978-3-7855-8012-7

Die Reihe *Lesetiger* richtet sich an Leseanfänger ab 6 Jahren. Kunterbunte Geschichten zu beliebten Themen erleichtern den Erstlesern den Start in die Welt der Buchstaben. Ganz kurze Textabschnitte in großer, gut lesbarer Fibelschrift sorgen für einen sicheren Leseerfolg; viele farbige Bilder tragen zusätzlich zum Textverständnis bei. So macht das erste Selberlesen Spaß!

158 1484